MINISTÈRE

DU COMMERCE, DE L'INDUSTRIE ET DES COLONIES.

DIRECTION DU PERSONNEL ET DE L'ENSEIGNEMENT TECHNIQUE.

BUREAU DU PERSONNEL ET DE L'ENSEIGNEMENT TECHNIQUE COMMERCIAL.

RECUEIL

DES

DISPOSITIONS LÉGISLATIVES ET RÉGLEMENTAIRES

CONCERNANT

LES ÉCOLES SUPÉRIEURES DE COMMERCE

RECONNUES PAR L'ÉTAT.

PARIS.

IMPRIMERIE NATIONALE.

M DCCC XC.

RECUEIL

DES

DISPOSITIONS LÉGISLATIVES ET RÉGLEMENTAIRES

CONCERNANT

LES ÉCOLES SUPÉRIEURES DU COMMERCE

RECONNUES PAR L'ÉTAT

MINISTÈRE
DU COMMERCE, DE L'INDUSTRIE ET DES COLONIES.

DIRECTION DU PERSONNEL ET DE L'ENSEIGNEMENT TECHNIQUE.

BUREAU DU PERSONNEL ET DE L'ENSEIGNEMENT TECHNIQUE COMMERCIAL.

RECUEIL

DES

DISPOSITIONS LÉGISLATIVES ET RÉGLEMENTAIRES

CONCERNANT

LES ÉCOLES SUPÉRIEURES DE COMMERCE
RECONNUES PAR L'ÉTAT.

PARIS.
IMPRIMERIE NATIONALE.

M DCCC XC.

NOTICE.

Un projet de loi sur l'enseignement technique, récemment adopté par le Conseil supérieur de l'enseignement technique, divise *l'enseignement commercial* en trois degrés : enseignement commercial primaire, distribué dans les écoles primaires supérieures régies par le règlement d'administration publique du 17 mars 1888 et dans les écoles spéciales du même niveau; enseignement commercial secondaire, distribué dans les écoles spéciales d'un niveau plus élevé, par exemple, à l'école commerciale de Paris (avenue Trudaine), et dans les cours préparatoires des écoles supérieures de commerce; enseignement commercial supérieur, distribué dans les écoles supérieures de commerce reconnues par l'État et dans les établissements similaires.

L'organisation officielle de ce dernier enseignement — l'enseignement commercial supérieur — a été prévue et préparée par la loi du 15 juillet 1889, sur le recrutement de l'armée. Cette loi, dans son article 23, a dispensé de deux ans de service militaire actif les élèves pourvus du diplôme supérieur de sortie de l'école des hautes études commerciales de Paris et des autres écoles supérieures de commerce reconnues par l'État, dans des conditions à déterminer par des règlements d'administration publique.

A la suite des travaux d'une commission composée de représentants des divers départements ministériels intéressés, le Ministre de la guerre soumit au Conseil d'État un projet de décret qui, après avoir été notablement modifié par le Conseil, est devenu le décret du 23 novembre 1889. Aux termes de son article 2 (dernier alinéa), devaient être considérés comme pourvus du diplôme supérieur, et admissibles au bénéfice de la dispense partielle de service militaire, les jeunes gens classés, à la suite des examens de sortie des écoles supérieures de commerce reconnues par l'État, dans le premier tiers des élèves français ayant obtenu, pour tout le cours de leurs études, une moyenne générale de notes au moins égale à 60 p. 100 du maximum.

L'adoption de cette proportion minime de dispenses, comparée à la proportion beaucoup plus élevée que le même règlement accordait à toutes les autres écoles visées par la loi (quatre cinquièmes des élèves français ayant obtenu une moyenne au moins égale à 65 p. 100 du maximum), souleva de vives objections au sein des chambres de commerce et de la part de toutes les personnes qui avaient vu dans les dispositions précitées de la loi du 15 juillet 1889 un témoignage non équivoque des intentions du législateur en faveur du relèvement de notre haut enseignement commercial.

Fort de ces revendications justifiées, le Ministère du commerce intervint à nouveau auprès du Ministère de la guerre pour obtenir une modification au décret du 23 novembre 1889 et faire rétablir l'égalité entre les diverses écoles du Gouvernement visées par l'article 23 de la loi militaire et celles des écoles supérieures de commerce reconnues par l'État qui se soumettraient aux mêmes conditions de recrutement. L'accord intervint sur ces bases entre les deux départements ministériels et se traduisit, après examen et modification du projet primitif par le Conseil d'État, dans le décret du

31 mai 1890. Aux termes de ce décret, les écoles supérieures de commerce reconnues par l'État, restent soumises à la proportionnalité de dispenses prévues par le décret du 23 novembre 1889 ou, au contraire, sont placées, à cet égard, sur le même rang que les autres écoles du Gouvernement, suivant qu'elles se recrutent par voie de simple *examen* ou par voie de *concours*.

Un second décret, rendu à la même date sur le double rapport du Ministre de la guerre et du Ministre du commerce, spécifie que le régime de recrutement auquel seront soumises les diverses écoles reconnues sera déterminé par les décrets spéciaux de reconnaissance; il dispose que les examens ou concours d'entrée et les examens de sortie devront être subis devant des jurys d'État et fixe la composition de ces jurys; il détermine enfin les principales garanties que l'État devra exiger des écoles, dans les décrets spéciaux de reconnaissance, en retour des prérogatives que cette reconnaissance leur confère.

Les décrets du 31 mai rendus, l'Administration du commerce a pu examiner immédiatement la situation des écoles en instance de reconnaissance et préparer, à cet effet, des projets de décrets qui ont été successivement soumis à l'examen de la Commission permanente du Conseil supérieur de l'enseignement technique et aux délibérations du Conseil d'État. Ces projets, amendés par le Conseil, ont été soumis à la signature du Président de la République par les Ministres de la guerre et du commerce à la date du 22 juillet 1890.

Six écoles supérieures de commerce, reconnues dans des conditions identiques, ont été soumises au recrutement par voie de concours et appelées à bénéficier des dispositions inaugurées par le décret du 31 mai 1890, savoir : l'École des hautes études commerciales de Paris, l'École supérieure de commerce de Paris, l'École supérieure de commerce de Bordeaux, l'École supérieure de commerce du Havre, l'École supérieure de commerce de Lyon et l'École supérieure de commerce de Marseille. Une septième école, l'Institut commercial de Paris, a été soumise au recrutement par voie d'examen et reste régie par les dispositions primitives de l'article 2 du décret du 23 novembre 1889.

En reconnaissant les écoles susvisées et en déterminant les principales conditions de cette reconnaissance, les décrets du 22 juillet ont nécessairement délégué à des arrêtés ministériels la réglementation de toutes les questions qui, par leur moindre importance ou leur caractère mobile, échappaient à leurs prescriptions. Ces arrêtés, délibérés en commission permanente du Conseil supérieur de l'enseignement technique, ont été pris par le Ministre du commerce, en raison de l'urgence, dès le 24 juillet, de manière que le fonctionnement provisoire des études, des examens et des concours pût être assuré pour la rentrée scolaire de 1890. Mais leurs dispositions ne sont expressément applicables, à titre transitoire, qu'à l'année scolaire 1890-1891 et la Commission permanente doit être très prochainement appelée à soumettre au Ministre de nouveaux projets d'arrêtés réglant d'une manière normale, pour chacune des écoles reconnues, le régime des études et des examens.

En attendant que cette réglementation définitive puisse intervenir, il a paru utile de réunir, à titre de documents et de renseignements, dans une brochure facile à consulter, les actes législatifs et réglementaires qui, à l'heure actuelle, s'appliquent aux écoles supérieures de commerce reconnues par l'État.

On trouvera donc ci-après les textes suivants :

1° Loi du 15 juillet 1889 (art. 23, 24 et 59);

2° Décret du 28 septembre 1889 (art. 8);

3° Décret du 23 novembre 1889 (art. 1er, 2, 11, 21, 35, 36, 37, 38 et 39);

4° et 5° Décrets du 31 mai 1890;

6° Décret du 22 juillet 1890, portant reconnaissance de l'École des hautes études commerciales (*les autres écoles ont été reconnues par des décrets similaires*);

7° Arrêté ministériel du 24 juillet 1890, fixant, à titre provisoire, pour l'école des hautes études commerciales, le régime des examens et des études pendant l'année scolaire 1890-1891 (*les arrêtés ministériels afférents aux autres écoles reconnues contiennent les mêmes dispositions générales, ils ne diffèrent que par le nombre et la matière des examens et la quotité des points attribués*);

8° Arrêté ministériel du 24 juillet 1890, fixant, pour la rentrée scolaire de 1890, les dates des concours ou examens d'entrée, et le nombre des places mises au concours.

1ᵉʳ novembre 1890.

LOI DU 15 JUILLET 1889

SUR LE RECRUTEMENT DE L'ARMÉE.

. . . .

Art. 23. En temps de paix, après un an de présence sous les drapeaux, sont envoyés en congé dans leurs foyers, sur leur demande, jusqu'à la date de leur passage dans la réserve :

1° Les jeunes gens qui contractent l'engagement de servir pendant dix ans dans les fonctions de l'instruction publique, dans les institutions nationales des sourds-muets ou des jeunes aveugles dépendant du Ministère de l'intérieur, et y rempliront effectivement un emploi de professeur, de maître répétiteur ou d'instituteur;

Les instituteurs laïques ainsi que les novices et membres des congrégations religieuses vouées à l'enseignement et reconnues d'utilité publique qui prennent l'engagement de servir pendant dix ans dans les écoles françaises d'Orient et d'Afrique subventionnées par le Gouvernement français;

2° Les jeunes gens qui ont obtenu ou qui poursuivent leurs études en vue d'obtenir :

Soit le diplôme de licencié ès lettres, ès sciences, de docteur en droit, de docteur en médecine, de pharmacien de 1re classe, de vétérinaire, ou le titre d'interne des hôpitaux nommé au concours dans une ville où il existe une faculté de médecine;

Soit le diplôme délivré par l'école des Chartes, l'école des langues orientales vivantes et l'école d'administration de la marine;

Soit le diplôme supérieur délivré aux élèves externes par l'école des ponts et chaussées, l'école supérieure des mines, l'école du génie maritime;

Soit le diplôme supérieur délivré par l'Institut national agronomique, l'École des haras du Pin aux élèves internes, les écoles nationales d'agriculture de Grandjouan, de Grignon et de Montpellier, l'école des mines de Saint-Étienne, les écoles des maîtres ouvriers mineurs d'Alais et de Douai, les écoles nationales des arts et métiers d'Aix, d'Angers et de Châlons, l'École des hautes études commerciales et les écoles supérieures de commerce reconnues par l'État;

Soit l'un des prix de Rome, soit un prix ou médaille d'État dans les concours annuels de l'École nationale des beaux-arts, du Conservatoire de musique et de l'École nationale des arts décoratifs;

3° Les jeunes gens exerçant les industries d'art qui sont désignés par un jury d'État départemental formé d'ouvriers et de patrons. Le nombre de ces jeunes gens ne pourra en aucun cas dépasser un demi pour cent du contingent à incorporer pour trois ans;

4° Les jeunes gens admis, à titre d'élèves ecclésiastiques, à continuer leurs études en vue d'exercer le ministère dans l'un des cultes reconnus par l'État.

En cas de mobilisation, les étudiants en médecine et en pharmacie et les élèves ecclésiastiques sont versés dans le service de santé.

Tous les jeunes gens énumérés ci-dessus seront rappelés pendant quatre semaines dans le cours de l'année qui précèdera leur passage dans la réserve de l'armée active. Ils suivront ensuite le sort de la classe à laquelle ils appartiennent.

Des règlements d'administation publique détermineront : les conditions dans lesquelles sera contracté l'engagement décennal visé au paragraphe 1°; les justifications à produire par les jeunes gens visés aux paragraphes 2° et 4°, soit au moment de leur demande, soit chaque année pendant la durée de leurs études; la nomenclature des industries d'art qui donneront lieu à la dispense prévue au paragraphe 3°; le mode de répartition de ces dispenses entre les départements, le mode de constitution du jury d'État pour les ouvriers d'art, ainsi que les justifications annuelles d'aptitude, de travail et d'exercice régulier de leur profession, que les jeunes gens dispensés sur la proposition du jury devront fournir jusqu'à l'âge de vingt-six ans.

Les mêmes règlements fixeront le nombre des diplômes supérieurs à délivrer annuellement, en vue de la dispense du service militaire, par chacune des écoles énumérées au troisième alinéa du paragraphe 2° et définiront ceux de ces diplômes qui ne sont pas définis par la loi; ils fixeront également le nombre des prix et des médailles visés au quatrième alinéa du même paragraphe.

Art. 24. Les jeunes gens visés au paragraphe 1° de l'article précédent qui, dans l'année qui suivra leur année de service, n'auraient pas obtenu un emploi de professeur, de maître répétiteur ou d'instituteur, ou qui cesseraient de le remplir avant l'expiration du délai fixé;

Ceux qui n'auraient pas obtenu avant l'âge de vingt-six ans les diplômes ou les prix spécifiés aux alinéas du paragraphe 2°;

Les jeunes gens visés au paragraphe 3° qui ne fourniraient pas les justifications professionnelles prescrites;

Les élèves ecclésiastiques mentionnés au paragraphe 4°, qui, à l'âge de vingt-six ans, ne seraient pas pourvus d'un emploi de ministre de l'un des cultes reconnus par l'État;

Les jeunes gens visés par les articles 21, 22 et 23 qui n'auraient pas satisfait, dans le cours de leur année de service, aux conditions de conduite et d'instruction militaire déterminées par le Ministre de la guerre;

Ceux qui ne poursuivraient pas régulièrement les études en vue desquelles la dispense a été accordée;

Seront tenus d'accomplir les deux années de service dont ils avaient été dispensés.

. . . .

Art. 59. Tout Français ou naturalisé Français, comme il est dit aux articles 11 et 12 de la présente loi, ainsi que les jeunes gens qui doivent être inscrits sur les tableaux de recensement ou qui sont autorisés par les lois à servir dans l'armée française, et les jeunes gens nés en pays étrangers d'un Français qui aurait perdu la qualité de Français, peuvent être admis à contracter un engagement volontaire daus l'armée active, aux conditions suivantes :

L'engagé volontaire doit :

1° S'il entre dans l'armée de mer, avoir seize ans accomplis, sans être tenu d'avoir la taille prescrite par la loi;

S'il entre dans l'armée de terre, avoir dix-huit ans accomplis au moins et la taille réglementaire d'un mètre cinquante quatre centimètres ;

2° N'être ni marié, ni veuf avec enfants ;

3° N'avoir jamais été condamné pour vol, escroquerie, abus de confiance, attentat aux mœurs, et n'avoir subi aucune des peines prévues par l'article 5 de la présente loi, à moins qu'il ne veuille contracter son engagement pour un bataillon d'infanterie légère d'Afrique ;

4° Jouir de ses droits civils ;

5° Être de bonne vie et mœurs ;

6° S'il a moins de vingt ans, être pourvu du consentement de ses père, mère ou tuteur; ce dernier doit être autorisé par une délibération du conseil de famille. Le consentement du directeur de l'Assistance publique dans le département de la Seine, et du préfet dans les autres départements, est nécessaire et suffisant pour les moralement abandonnés.

L'engagé volontaire est tenu, pour justifier des conditions prescrites aux paragraphes 3°, 4° et 5° ci-dessus, de produire un extrait de son casier judiciaire et un certificat délivré par le maire de son dernier domicile.

S'il ne compte pas au moins une année de séjour dans cette commune, il doit également produire un autre certificat du maire de la commune où il était antérieurement domicilié.

Le certificat doit contenir le signalement du jeune homme qui veut s'engager, et mentionner la durée du temps pendant lequel il a été domicilié dans la commune.

La faculté de contracter l'engagement volontaire cesse dès que le jeune homme est inscrit par le Conseil de revision sur la liste de recrutement cantonal.

Toutefois, il peut devancer l'appel pour entrer dans la marine ou dans les troupes coloniales.

Les hommes exemptés ou classés dans les services auxiliaires peuvent, jusqu'à l'âge de trente-deux ans accomplis, être admis à contracter des engagements volontaires, s'ils réunissent les conditions d'aptitude physique exigées.

Les conditions relatives, soit à l'aptitude physique et à l'admissibilité dans les différents corps de l'armée, soit aux époques de l'année où les engagements peuvent être contractés, sont déterminées par des décrets insérés au *Bulletin des lois.*

Il ne pourra être reçu d'engagements volontaires que pour la marine et les troupes coloniales, et pour les corps d'infanterie, de cavalerie, d'artillerie et du génie.

La durée de l'engagement volontaire est de trois, quatre ou cinq ans.

L'engagé volontaire admis, après concours, à l'École normale supérieure, à l'École centrale des arts et manufactures, ou à l'une des écoles spéciales visées à l'article 23, pourra bénéficier des dispositions dudit article, après un an de présence sous les drapeaux, à la condition que la demande ait été formulée au moment de l'engagement.

Le service militaire fixé par l'article 37 ci-dessus compte du jour de la signature de l'acte d'engagement.

DÉCRET DU 28 SEPTEMBRE 1889

RELATIF AUX ENGAGEMENTS VOLONTAIRES ET AUX RENGAGEMENTS.

. . . .

ART. 8. Si le contractant désire bénéficier de la disposition contenue dans l'avant-dernier alinéa de l'article 59 de la loi, il doit en faire la demande par écrit et produire, à l'appui de sa demande, les justifications que le règlement d'administration publique prévu par l'article 23 de ladite loi exige des jeunes gens réclamant devant le conseil de revision l'envoi en congé après une année de service.

Mention de cette demande et des justifications produites est faite dans l'acte.

. . . .

DÉCRET DU 23 NOVEMBRE 1889

PORTANT RÈGLEMENT D'ADMINISTRATION PUBLIQUE POUR L'EXÉCUTION DE L'ARTICLE 23 DE LA LOI DU 15 JUILLET 1889 SUR LE RECRUTEMENT DE L'ARMÉE.

Le Président de la République française,

Sur le rapport du Ministre de la guerre,

Vu la loi du 15 juillet 1889 sur le recrutement de l'armée, notamment les articles 23 et 24 ainsi conçus :

Le conseil d'État entendu,

Décrète :

CHAPITRE PREMIER.

DES DISPENSES RÉSULTANT DE L'OBTENTION DE CERTAINS DIPLÔMES, TITRES, PRIX ET RÉCOMPENSES.

Art. 1. Sont, sur leur demande (*modèle A*), envoyés ou maintenus définitivement en congé dans leurs foyers, jusqu'à la date de leur passage dans la réserve, pourvu qu'ils aient une année de présence sous les drapeaux, les jeunes gens qui obtiennent ou ont obtenu un des diplômes, titres, prix ou récompenses mentionnés au paragraphe 2° de l'article 23 de la loi du 15 juillet 1889, soit avant leur incorporation, soit pendant leur présence sous les drapeaux à titre d'appelés, soit pendant leur séjour en congé dans leurs foyers dans les divers cas prévus par les articles 21, 22 et 23 de ladite loi.

Les jeunes gens qui ont obtenu avant leur comparution devant le conseil de revision un de ces diplômes, titres, prix ou récompenses, doivent produire au conseil les pièces officielles constatant cette obtention.

Pour les jeunes soldats présents sous les drapeaux, l'envoi en congé est prononcé par l'autorité militaire, sur le vu des diplômes ou pièces officielles. Pour les jeunes gens présents dans leurs foyers, avant leur incorporation ou qui y sont envoyés en congé, la dispense est également prononcée par l'autorité militaire, après remise des pièces justificatives au commandant du bureau de recrutement de la subdivision de région à laquelle appartient le canton où ils ont concouru au tirage au sort. Dans ces deux derniers cas, la production des pièces justificatives doit avoir lieu dans le mois qui suit l'obtention des diplômes, titres, prix ou récompenses.

Art. 2. Sont considérés comme pourvus du diplôme supérieur, au point de vue de la dispense de service militaire prévue par l'article 23 de la loi du 15 juillet 1889 :

1° En ce qui concerne l'Institut national agronomique, les 60 élèves français classés à la sortie en tête de la liste de mérite pourvu qu'ils aient obtenu, pour tout le cours de leur scolarité, 70 p. 100 au moins du total des points que l'on peut obtenir d'après les règlements de ces écoles; il est fait mention sur les diplômes du rang de classement et du nombre de points obtenus par le titulaire;

2° En ce qui concerne les autres écoles du gouvernement dans lesquelles on entre par voie de concours, savoir : l'internat de l'école des haras du Pin, les écoles nationales d'agriculture de Grandjouan, de Grignon et de Montpellier, l'école des mines de Saint-Étienne, les écoles des maîtres-ouvriers mineurs d'Alais et de Douai; les écoles nationales des arts et métiers d'Aix, d'Angers et de Châlons; les jeunes gens compris dans les quatre premiers cinquièmes de la liste de mérite de ceux des élèves français qui ont obtenu, pour tout le cours de leur scolarité, 65 p. 100 au moins du total des points que l'on peut obtenir d'après les règlements de ces écoles; il est fait mention sur les diplômes du rang de classement et du nombre des élèves français ayant obtenu le nombre minimum de points fixé ci-dessus;

3° En ce qui concerne l'école des hautes études commerciales et les écoles supérieures de commerce reconnues par l'État, le premier tiers de la liste par ordre de mérite des élèves français ayant obtenu, pour tout le cours de leur scolarité, 60 p. 100 au moins du total des points que l'on peut obtenir d'après les règlements de ces écoles. Il est fait mention sur les diplômes du rang de classement et du nombre des élèves français ayant obtenu le nombre minimum de points fixé ci-dessus.

Un décret, rendu en conseil d'État, sur la proposition du Ministre du commerce, déterminera les conditions auxquelles doivent se soumettre, pour être reconnues par l'État, les écoles supérieures de commerce, en particulier en ce qui concerne la nature des examens et la composition du jury devant lequel sont passés ces examens. La nomenclature de ces écoles est transmise annuellement, avant le 1er septembre, par le Ministre du commerce au Ministre de la guerre, qui avise les préfets et les commandants des bureaux de recrutement des modifications survenues.

. . . .

Art. 11. L'engagement décennal contracté au titre du Ministère de l'instruction publique peut être réalisé :

Soit au titre de l'une des institutions nationales des sourds-muets ou des jeunes aveugles, s'il a été signé au titre de l'instruction publique et réciproquement;

Soit au titre des écoles françaises d'Orient et d'Afrique;

Soit enfin comme instituteur, professeur ou maître répétiteur dans l'une des écoles préparant aux diplômes compris dans la nomenclature du paragraphe 2° de l'article 23 de la loi du 15 juillet 1889, et dans les écoles d'enseignement professionnel agricole visées par l'article 10 de la loi du 30 juillet 1875;

Sous la condition que la mutation ait été autorisée par le département ministériel auquel appartient l'engagé décennal et par celui qui le reçoit.

Le titulaire de l'engagement décennal qui passe d'un département ministériel à un autre doit notifier l'autorisation qu'il a obtenue au commandant du bureau de recrutement de la subdivision dans laquelle est situé le canton où il a participé au tirage au sort (*modèle F*).

. . . .

Art. 21. Les élèves de l'école des hautes études commerciales et ceux des écoles supérieures de commerce reconnues par l'État justifient de leur admission et de leur présence dans ces écoles par des certificats délivrés par le directeur de l'école et visés par le Ministre du commerce (*modèle G*).

. . . .

CHAPITRE VII.

DISPOSITIONS GÉNÉRALES.

Art. 35. Les pièces justificatives que les jeunes gens doivent produire à l'appui de leurs demandes (*modèle A*), par application des dispositions des articles 8, 12 à 25, 29 et 33 du présent décret, sont présentées : 1° au conseil de revision; 2° au commandant du bureau de recrutement, avant l'incorporation, si ces pièces n'ont été délivrées qu'après la comparution de l'intéressé. La dispense est prononcée, dans le premier cas, par le conseil de revision et, dans le second cas, par l'autorité militaire, sur le vu desdites pièces justificatives.

Art. 36. Les dispensés au titre des chapitres II à VI du présent décret doivent produire, du 15 septembre au 15 octobre de chaque année, jusqu'à l'âge de vingt-six ans, au commandant du bureau de recrutement de la subdivision à laquelle appartient le canton où ils ont concouru au tirage, les certificats prévus auxdits chapitres dans le but d'établir qu'ils continuent à remplir les conditions sous lesquelles la dispense leur a été accordée.

Art. 37. L'année de service imposée aux jeunes gens dispensés en vertu des articles 21, 22 et 23 de la loi du 15 juillet 1889 doit être uniquement consacrée à l'accomplissement de leurs obligations militaires; sous aucun prétexte ils ne pourront être détournés de ces obligations ni recevoir des exemptions de service à l'effet de poursuivre leurs études.

CHAPITRE VIII.

DISPOSITIONS TRANSITOIRES.

Art. 38. Les diplômes, titres ou récompenses mentionnées au chapitre 1er du présent décret et obtenus avant sa promulgation procurent la dispense du service militaire prévue par l'article 23 de la loi du 15 juillet 1889, sous les réserves et aux conditions déterminées par les articles 39 et 40 ci-après.

Art. 39. Les diplômes ou titres supérieurs, délivrés antérieurement à la promulgation du présent décret aux élèves des écoles mentionnées à l'article 2 ci-dessus, pour lesquelles il existe deux ordres de diplômes ou de titres constatant l'achèvement régulier des études, seront considérés comme pouvant procurer la dispense de service militaire prévue par l'article 23 de la loi du recrutement.

En ce qui concerne l'école des mines de Saint-Étienne et les écoles de maîtres-ouvriers mineurs d'Alais et de Douai, les deux premiers ordres de titres constatant l'achèvement régulier des études seront considérés comme pouvant procurer la dispense de service militaire.

En ce qui concerne les écoles pour lesquelles il n'existe qu'un ordre de certificat de fin d'études, la dispense ne sera accordée que si les élèves ont été classés à la sortie par rang de mérite, et seulement aux deux premiers tiers de la liste de classement.

DÉCRET DU 31 MAI 1890

MODIFIANT L'ARTICLE 2 DU DÉCRET DU 23 NOVEMBRE 1889.

Le Président de la République française,

Sur le rapport du Président du Conseil, Ministre de la guerre;

Vu la loi du 15 juillet 1889 sur le recrutement de l'armée et notamment l'article 23, ainsi conçu :

« En temps de paix, après un an de présence sous les drapeaux, sont envoyés en congé dans leurs foyers sur leur demande, jusqu'à la date de leur passage dans la réserve............

« 2° Les jeunes gens qui ont obtenu ou qui poursuivent leurs études en vue d'obtenir :

. . . .

« Soit le diplôme supérieur délivré par..... l'école des hautes études commerciales et les écoles supérieures de commerce reconnues par l'État.

. . . .

« Des règlements d'administration publique détermineront...
.... le nombre de diplômes supérieurs à délivrer annuel-

lement, en vue de la dispense du service militaire, par chacune des écoles énumérées au troisième alinéa du paragraphe 2° et définiront ceux de ces diplômes qui ne sont pas définis par la loi......»;

Vu le règlement d'administration publique du 23 novembre 1889, et notamment l'article 2;

Le conseil d'État entendu,

Décrète :

Art. 1. L'article 2, paragraphes 2° et 3°, du règlement d'administration publique du 23 novembre 1889 est modifié de la manière suivante :

«Sont considérés comme pourvus de diplôme supérieur au point de vue de la dispense du service militaire prévue par l'article 23 de la loi du 15 juillet 1889 :

. . . .

«2° En ce qui concerne les autres écoles du Gouvernement dans lesquelles on entre par voie de concours, savoir : l'internat de l'école des haras du Pin, les écoles nationales d'agriculture de Grandjouan, de Grignon et de Montpellier, l'école des mines de Saint-Étienne, les écoles des maîtres-ouvriers mineurs d'Alais et de Douai, les écoles nationales d'arts et métiers d'Aix, d'Angers et de Châlons, ainsi que les écoles supérieures de commerce reconnues par l'État se recrutant par voie de concours, les jeunes gens compris dans les quatre premiers cinquièmes de la liste de mérite de ceux des élèves français qui ont obtenu, pour tout le cours de leur scolarité, 65 p. 100 au moins du total des points que l'on peut obtenir d'après les règlements de ces écoles. Il est fait mention sur les diplômes du rang de classement et du nombre des élèves français ayant obtenu le nombre minimum des points fixés ci-dessus;

«3° En ce qui concerne les écoles supérieures de commerce reconnues par l'État, se recrutant par voie d'examen, le premier tiers de la liste par ordre de mérite des élèves français ayant obtenu, pour tout le cours de leur scolarité, 60 p. 100 au moins du total des points que l'on peut obtenir d'après les règlements de ces écoles. Il est fait mention sur les diplômes du rang de classement et du nombre des élèves français ayant obtenu le nombre minimum de points fixé ci-dessus. »

Art. 2. Le Président du Conseil, Ministre de la guerre, est chargé de l'exécution du présent décret, qui sera inséré au *Bulletin des lois* et au *Journal officiel* de la République française.

DÉCRET DU 31 MAI 1890

ORGANISANT LA RECONNAISSANCE PAR L'ÉTAT DES ÉCOLES SUPÉRIEURES DE COMMERCE.

Le Président de la République française,

Sur le rapport du Ministre du commerce, de l'industrie et des colonies et du Président du Conseil, Ministre de la guerre;

Vu la loi du 15 juillet 1889 sur le recrutement de l'armée et notamment l'article 23 de ladite loi;

Vu le règlement d'administration publique du 23 novembre 1889 et notamment l'article 2 dudit décret;

Le conseil d'État entendu,

Décrète :

Art. 1. La reconnaissance d'une école supérieure de commerce, dans les conditions prévues par l'article 23 de la loi du 15 juillet 1889, est prononcée par décret rendu sur le rapport du Ministre du commerce et du Ministre de la guerre, le conseil d'État entendu, après avis de la commission permanente du conseil supérieur de l'enseignement technique.

Le décret de reconnaissance détermine le mode de recrutement de l'école et les dispositions auxquelles l'école doit se conformer, notamment au point de vue de l'enseignement, de l'inspection, des examens ou des concours d'entrée, des examens de sortie et de la délivrance des diplômes.

Art. 2. Un décret rendu dans la même forme peut, après que l'administration de l'école aura été mise en demeure de fournir ses explications par écrit, retirer à une école supérieure de commerce le bénéfice de la reconnaissance, soit pour inexécution des prescriptions qui lui sont imposées, soit au cas où les conditions du recrutement ou de l'enseignement auraient cessé d'offrir des garanties suffisantes.

Art. 3. Les examens ou les concours d'entrée, ainsi que les examens de sortie, sont subis devant un jury nommé par arrêté du Ministre du commerce et composé de sept membres, savoir : cinq membres désignés par le Ministre, dont l'un président, le directeur de l'école et un professeur de l'école désigné par lui. En cas d'empêchement, le directeur désigne un second professeur de l'école pour le remplacer.

Des examinateurs spéciaux, notamment pour les langues étrangères, peuvent être adjoints au jury par décision ministérielle, après avis du directeur de l'école.

Le programme détaillé des examens ou des concours d'entrée et des examens de sortie est déterminé pour chaque école par un arrêté ministériel, après avis du directeur de l'école et de la commission permanente du conseil supérieur de l'enseignement technique.

Art. 4. Le Ministre du commerce, de l'industrie et des colonies et le Ministre de la guerre sont chargés, chacun en ce qui le concerne, de l'exécution du présent décret, qui sera inséré au *Bulletin des lois* et au *Journal officiel* de la République française.

DÉCRET DU 22 JUILLET 1890

PORTANT RECONNAISSANCE PAR L'ÉTAT DE L'ÉCOLE DES HAUTES ÉTUDES COMMERCIALES.

Le Président de la République Française,

Sur le rapport du Ministre du commerce, de l'industrie et des colonies et du Président du Conseil, Ministre de la guerre;

Vu la loi du 15 juillet 1889 sur le recrutement de l'armée et notamment les articles 23, 24 et 59 de ladite loi;

Vu le décret du 23 novembre 1889 rendu en exécution de l'article 23 de la loi du 15 juillet 1889;

Vu le décret du 31 mai 1890 modifiant l'article 2 du décret du 23 novembre 1889 susvisé;

Vu le décret du même jour organisant la reconnaissance par l'État des écoles supérieures de commerce pour l'exécution de la loi du 15 juillet 1889;

Vu l'avis de la commission permanente du conseil supérieur de l'enseignement technique;

Le conseil d'État entendu,

Décrète :

Art. 1. L'école des hautes études commerciales est reconnue comme école supérieure dans les conditions prévues par l'article 23 de la loi du 15 juillet 1889 sur le recrutement de l'armée et spécifiées par le décret du 31 mai 1890, à charge de se conformer aux dispositions du présent décret.

TITRE Ier.

DES CONCOURS D'ENTRÉE.

Art. 2. L'école se recrute exclusivement par voie de concours.

Les candidats étrangers sont soumis aux mêmes conditions que les candidats français.

Toutefois, sur la demande du directeur de l'école et par décision ministérielle spéciale, des élèves étrangers peuvent être spécialement autorisés à suivre les cours de l'école sans subir le concours; ils ne peuvent obtenir aucun diplôme ni certificat.

La date du concours et le nombre de places mises au concours sont annuellement fixés par arrêté ministériel et publiés au *Journal Officiel* au moins six mois à l'avance, en même temps que le programme détaillé du concours.

Art. 3. Les demandes d'admission au concours et les pièces à l'appui sont adressées au directeur de l'école.

Peuvent se présenter au concours tous les candidats âgés de seize ans au moins au 1ᵉʳ janvier de l'année du concours. Des dispenses exceptionnelles peuvent être accordées par décisions ministérielles spéciales, après avis du directeur de l'école, à des candidats âgés de seize ans au moins au jour de l'ouverture du concours.

Par exception et pour la rentrée de l'année scolaire 1890-1891 seulement, pourront se présenter au concours des candidats âgés de seize ans révolus au jour de l'ouverture du concours.

Les candidats pourvus du diplôme de bachelier de l'enseignement secondaire spécial, de bachelier ès sciences ou de bachelier ès lettres, bénéficient, qu'ils soient titulaires d'un ou de plusieurs diplômes, d'une majoration égale au dixième de la somme des points attribués à l'ensemble des épreuves par l'arrêté ministériel réglant le programme du concours.

Art. 4. La liste des élèves prenant part au concours est arrêtée par le directeur de l'école et affichée par ses soins au secrétariat de l'école, quinze jours avant la date fixée pour l'ouverture du concours; elle est en même temps communiquée au Ministre.

Le jury adresse au Ministre, avec le procès-verbal des opérations du concours, la liste des élèves admis à l'école. Cette liste peut ne comprendre qu'un nombre d'élèves inférieur à celui des places mises au concours.

TITRE II

DU RÉGIME DES ÉTUDES.

Art. 5. La durée des études est de deux ans. L'école a, en outre, un cours préparatoire d'une année [1], dans les conditions et d'après le programme déterminés par arrêté ministériel, après avis du directeur de l'école et de la commission permanente du conseil supérieur de l'enseignement technique.

Art. 6. Des arrêtés ministériels, pris après avis du directeur de l'école et de la commission permanente du Conseil supérieur de l'enseignement technique, déterminent le programme sommaire des cours ou conférences de chaque année d'études, le temps consacré à chaque cours, la répartition entre les divers examens de la quotité des points que l'on peut obtenir pendant tout le cours de la scolarité, et les cas où le renvoi pourrait être prononcé par mesure disciplinaire.

Art. 7. Tout élève qui, n'étant point lié au service militaire, a compté au cours d'une année d'études plus de quarante jours d'absence, consécutifs ou non, est astreint à redoubler cette année. De plus, s'il est en première année, il doit se représenter au concours dans les mêmes conditions que tous les autres candidats, à moins que l'absence ne soit motivée par maladie dûment constatée.

Tout élève qui, entré à l'école après avoir été envoyé en congé dans ses foyers, a compté au cours d'une année d'études le nombre de jours d'absence déterminé ci-dessus, ne peut obtenir la délivrance du certificat visé par l'article 21 du décret du 23 novembre 1889, à moins que l'absence ne soit motivée par la maladie dûment constatée. Dans ce dernier cas, le Ministre du commerce autorise l'intéressé, par décision spéciale, à redoubler l'année d'études.

---

[1] Les décrets portant reconnaissance des écoles supérieures de commerce de Paris, de Bordeaux, du Havre, de Lyon et de Marseille, portent : « un cours préparatoire d'une année au moins ».

Une décision du Ministre du commerce détermine, après avis de la commission permanente du Conseil supérieur de l'enseignement technique, le mode de constatation des absences et les conditions dans lesquelles doit être tenu et contrôlé le registre de présence des élèves.

Art. 8. Tout élève qui, à la suite de la première année d'études, n'obtient pas au moins la moitié du total des points que l'on peut obtenir, n'est point admis à suivre les cours de la seconde année. Il peut se représenter au concours d'entrée dans les mêmes conditions que tous les autres candidats. Mais, s'il est en congé dans ses foyers, il ne peut obtenir la délivrance du certificat visé par l'article 21 du décret du 23 novembre 1889.

Art. 9. Les professeurs et répétiteurs chargés des cours, des conférences ou des examens sont nommés par le directeur de l'école, qui soumet leur nomination à l'agrément du ministre.

Celle du directeur est soumise à l'agrément du ministre par la chambre de commerce de Paris.

Dans l'un et l'autre cas, le ministre peut retirer son agrément après avoir provoqué les observations de la chambre de commerce et de l'intéressé.

Art. 10. L'école est soumise à l'inspection de l'inspecteur général de l'enseignement technique et de l'inspecteur régional de l'enseignement technique commercial [1]. Elle peut, en outre, être

---

[1] Un arrêté ministériel du 3 juin 1890, pris en exécution de l'article 23 du règlement d'administration publique du 17 mars 1888, a nommé des inspecteurs spécialement chargés de l'inspection de l'enseignement commercial dans les écoles primaires supérieures professionnelles et écoles assimilées, savoir : MM. Cottin-Angar, directeur de sociétés d'assurances ; Hiélard, président du conseil d'administration de l'École des hautes études commerciales, membre de la Chambre de commerce de Paris ; Maès, membre de la Chambre de commerce de Paris ; Maumy, président du conseil d'administration de l'Institut commercial de Paris ; Pereire (Eugène), président du conseil d'administration de la compagnie générale transatlantique ; Piault, membre de la Chambre de commerce de Paris ; Siegfried (Jacques), membre du Conseil supérieur de l'enseignement technique. — En

inspectée par tout fonctionnaire muni d'une délégation ministérielle spéciale.

Ces diverses inspections portent exclusivement sur les études et sur l'application des dispositions du présent décret.

Elles ne porteraient sur le régime financier de l'école qu'au cas où l'école recevrait une subvention de l'État.

TITRE III.

DES EXAMENS DE SORTIE ET DE LA DÉLIVRANCE DES DIPLÔMES.

Art. 11. Un arrêté ministériel, pris après avis du directeur de l'école et de la commission permanente du Conseil supérieur de l'enseignement technique et publié au *Journal officiel*, détermine le programme de l'examen de sortie et la quotité de points attribuée à chacune de ses parties.

Le total des points attribués aux diverses parties de l'examen de sortie doit représenter au moins le tiers de l'ensemble des points attribués pour tout le cours de la scolarité.

Un arrêté ministériel fixe annuellement, après avis du directeur de l'école, la date de l'examen de sortie.

Art. 12. Le président du jury prononce sur toutes les difficultés qui peuvent s'élever pendant la durée de l'examen. Mention de ses décisions est consignée au procès-verbal.

---

outre, l'arrêté susvisé du 3 juin 1890 a constitué un comité d'inspection de l'enseignement commercial, composé : du directeur du personnel et de l'enseignement technique; de l'inspecteur général des écoles nationales des arts et métiers et de l'enseignement technique; des inspecteurs régionaux de l'enseignement commercial ci-dessus désignés, et du chef du bureau de l'enseignement commercial.

Les décrets du 22 juillet 1890, utilisant cette organisation, ont confié aux inspecteurs régionaux de l'inspection commerciale l'inspection des écoles supérieures de commerce reconnues par l'État.

Déjà plusieurs inspecteurs régionaux ont pu présider les jurys des concours d'entrée en 1890, savoir : M. Cottin-Angar (*École supérieure de commerce de Bordeaux*), M. Hiélard (*École supérieure de commerce du Havre*), M. Eugène Pereire (*École supérieure de commerce de Paris*), M. Jacques Siegfried (*École des hautes études commerciales*).

Aʀᴛ. 13. Le président du jury soumet au ministre, dans les trois jours de la clôture des épreuves : 1° le procès-verbal des opérations de l'examen signé par tous les membres du jury; 2° la liste de classement par ordre de mérite de tous les élèves, français et étrangers, ayant subi l'examen, avec l'indication du nombre de points obtenus par chaque élève pendant tout le cours de la scolarité; 3° la liste des quatre cinquièmes des élèves français ayant obtenu au moins 65 p. 100 du total des points que l'on peut obtenir pendant tout le cours de la scolarité.

Le ministre arrête cette dernière liste, qui est insérée au *Journal officiel*. Les élèves inscrits sur cette liste sont seuls pourvus du diplôme supérieur.

Toutefois, les élèves étrangers inscrits sur la liste générale de classement avant le dernier des élèves français pourvus du diplôme supérieur reçoivent, dans les mêmes conditions, un diplôme supérieur mentionnant leur nationalité.

Les diplômes supérieurs, établis d'après le modèle approuvé par le ministre et contenant les mentions prévues par l'article 2 du décret du 23 novembre 1889, sont signés du président du jury et du directeur de l'école. Ils sont visés par le ministre du commerce.

Aʀᴛ. 14. Les élèves, français et étrangers, qui ne sont point pourvus du diplôme supérieur reçoivent, s'ils ont obtenu à la fois au moins 50 p. 100 du total des points que l'on peut obtenir pendant tout le cours de la scolarité et au moins 60 p. 100 du total des points attribués aux épreuves de l'examen de sortie, des certificats d'étude. Ces certificats, établis dans la forme déterminée par décision ministérielle, sont signés du président du jury et du directeur de l'école.

TITRE IV.

DISPOSITIONS GÉNÉRALES.

Aʀᴛ. 15. L'État pourra attribuer des bourses [1] d'externat ou

---

[1] Les bourses attribuées par le Ministère du commerce aux écoles supérieures de commerce reconnues par l'État sont actuellement au nombre de 44, savoir :

d'internat, tant pour les cours normaux que pour le cours préparatoire.

La simple attribution de ces bourses ne sera pas assimilée à une subvention donnant lieu à l'inspection spéciale prévue par le dernier alinéa de l'article 10.

ART. 16. Des jetons de présence, dont la quotité sera fixée par arrêté ministériel, après avis du directeur de l'école, seront attribués aux membres des jurys par l'administration de l'école.

ART. 17. Le Ministre du commerce, de l'industrie et des colonies et le Ministre de la guerre sont chargés, chacun en ce qui le concerne, de l'exécution du présent décret, qui sera inséré au *Bulletin des lois* et publié au *Journal officiel* de la République française.

Des décrets identiques ont reconnu, à la même date, les écoles supérieures de commerce de Bordeaux, du Havre, de Lyon, de Marseille et de Paris. — Un décret analogue a reconnu l'Institut commercial de Paris (école préparatoire au commerce d'exportation), mais en le soumettant au recrutement par examen.

École des hautes études commerciales, dix bourses (*décision du 3o janvier 1883*); Ecole supérieure de commerce de Paris, douze bourses (*décision du 23 avril 1853*); École supérieure de commerce de Bordeaux, cinq bourses (*décision du 22 février 1875*); École supérieure de commerce du Havre, trois bourses (*décision du 22 février 1875*); École supérieure de commerce de Lyon, quatre bourses (*décision du 22 février 1875*); École supérieure de commerce de Marseille, huit bourses (*décisions des 22 février 1875, 16 août 1877, 23 novembre 1878, 5 janvier 1882, 15 décembre 1884*); Institut commercial de Paris, deux bourses (*décision du 21 octobre 1889*).

ARRÊTÉ MINISTÉRIEL DU 24 JUILLET 1890

DÉTERMINANT PROVISOIREMENT LE RÉGIME DES EXAMENS ET DES ÉTUDES À L'ÉCOLE DES HAUTES ÉTUDES COMMERCIALES [1].

Le Ministre du commerce, de l'industrie et des colonies,

Vu la loi du 15 juillet 1889 sur le recrutement de l'armée et spécialement l'article 23 de ladite loi ;

Vu les règlements d'administration publique du 23 novembre 1889 et du 31 mai 1890 rendus en exécution de la loi du 15 juillet 1889 ;

Vu le décret du 22 juillet 1890 relatif à la reconnaissance de l'École des hautes études commerciales ;

Vu l'avis du directeur de l'école ;

Vu l'avis de la commission permanente du conseil supérieur de l'enseignement technique ;

Sur la proposition du directeur du personnel et de l'enseignement technique,

Arrête :

Art. 1. Sont provisoirement applicables à l'école des hautes études commerciales, pour la rentrée de 1890 et pour l'année scolaire 1890-1891, les dispositions suivantes.

Art. 2. Le concours d'entrée se compose d'épreuves écrites, savoir :

Une composition de mathématiques ;

Une composition sur la physique et sur la chimie ;

---

[1] Des arrêtés analogues ont déterminé le régime des examens dans les six autres écoles reconnues.

Une composition sur l'histoire de France;

Une composition de géographie;

Une traduction, avec l'aide du dictionnaire, d'un texte français en anglais ou en allemand, au choix du candidat.

Les sujets des compositions sont adressés par l'administration, sous plis cachetés, au président du jury. Ils portent sur le programme annexé au présent arrêté.

Art. 3. Chacune des compositions est appréciée par une note de o (nul) à 20 (parfait).

Les bacheliers de l'enseignement secondaire spécial, les bacheliers ès sciences et les bacheliers ès lettres bénéficieront d'une majoration de 10 points.

Art. 4. Les élèves doivent subir au cours des deux années d'études des examens oraux particuliers et généraux. Les examens particuliers portent, pour chaque cours, sur les matières étudiées depuis le précédent examen particulier et sont passés devant des examinateurs spéciaux; les examens généraux portent, pour chaque cours, sur l'ensemble des matières professées dans l'année et sont passés devant les professeurs des cours. Chaque examen particulier ou général donne lieu à l'attribution d'une note spéciale variant de o à 20. Le nombre des examens particuliers et généraux est fixé comme suit :

DÉSIGNATION.	1ʳᵉ ANNÉE.		2ᵉ ANNÉE.
	Examens particuliers.	Examens généraux.	Examens particuliers.
Comptabilité générale....................	7	1	8
Mathématiques appliquées au commerce (1ᵉʳ cours).......................	4	1	6
Mathématiques appliquées au commerce (2ᵉ cours).......................	4	1	//
Marchandises (1ᵉʳ cours)...............	3	1	5
Marchandises (2ᵉ cours)...............	2	1	//
A reporter.................	20	5	19

DÉSIGNATION.	1re ANNÉE.		2e ANNÉE. Examens
	Examens particuliers.	Examens généraux.	particuliers.
Report......	20	5	19
Essais et analyses....... ѵ.........	//	1	//
Géographie commerciale............	3	1	3
Droit commercial, industriel et maritime............................	2	1	3
Code civil, organisation judiciaire et éléments de procédure civile.......	2	1	//
Économie politique................	//	1	//
Géographie, administration et régime économique des colonies et pays de protectorat....................	//	//	1
Législation budgétaire et douanière....	//	//	2
Législations commerciales étrangères...	//	//	1
Étude des transports..............	//	//	1
Outillage et matériel commercial......	//	//	1
Langue du Nord (anglais ou allemand).	7	1	7
Langue du Midi (espagnol ou italien)..	7	1	7
Totaux........	41	12	45
Total général........		98	

Outre les examens particuliers et généraux, les élèves doivent faire, à la fin de chaque année d'études, une composition de calligraphie; chacune de ces compositions est appréciée par une note variant de 0 à 20.

Art. 5. La date des examens particuliers et des examens généraux est affichée à l'école au moins un mois à l'avance.

Les notes données aux élèves, à la suite de chaque examen sont également affichées à l'école dans les vingt-quatre heures qui suivent l'examen.

Art. 6. L'examen final est subi, à la date fixée par décision ministérielle, après avis du directeur de l'école, devant le jury visé par l'article 3 du décret du 31 mai 1890 et par le décret du 23 juillet 1890. Il est exclusivement composé d'épreuves orales et porte sur l'ensemble des matières enseignées pendant les deux années d'études.

Les sujets d'interrogation sont tirés au sort séance tenante, par les élèves intéressés, sur une liste de sujets pris dans le programmme des cours et choisis par le jury.

Chaque interrogation donne lieu à l'attribution d'une note spéciale variant de o à 20.

La valeur relative de chaque épreuve est traduite par les coefficients ci-après :

Comptabilité générale	6
Mathématiques appliquées au commerce	6
Étude des marchandises	6
Essais et analyses	1
Histoire du commerce,	1
Géographie commerciale	4
Géographie, administration et régime économique des colonies et pays de protectorat	2
Droit commercial, industriel et maritime	4
Législation budgétaire et douanière	1
Législations commerciales et étrangères	2
Économie politique	1
Étude des transports	2
Outillage et matériel commercial	2
Langue du Nord (anglais ou allemand)	6
Langue du Midi (espagnol ou italien)	6
Total	5o

Art. 7. La liste définitive de classement est établie d'après l'ensemble des notes obtenues aux examens particuliers et aux deux compositions écrites de première et de seconde année, à l'examen général de première année et à l'examen final (soit 3,ooo points au maximum).

Fait à Paris, le 24 juillet 189o.

Jules Roche.

ARRÊTÉ MINISTÉRIEL DU 24 JUILLET 1890

FIXANT, POUR L'ANNÉE 189o, LES DATES DE CONCOURS ET D'EXAMEN ET LE NOMBRE DE PLACES MISES AU CONCOURS PAR LES ÉCOLES SUPÉRIEURES DE COMMERCE, RECONNUES PAR L'ÉTAT.

Le Ministre du commerce, de l'industrie et des colonies,

Vu les décrets du 22 juillet 189o, relatif à la reconnaissance par l'État de diverses écoles supérieures de commerce dans les conditions prévues par l'article 23 de la loi du 15 juillet 1889 sur le recrutement de l'armée ;

Vu les avis des directeurs des écoles intéressées ;

Sur la proposition du directeur du personnel et de l'enseignement technique,

Arrête :

Art. I. La date d'ouverture des concours d'entrée et le nombre de places mises au concours sont déterminés comme il suit, pour la rentrée de 1890, en ce qui concerne chacune des écoles ci-après dénommées :

ÉCOLES.	DATES D'OUVERTURE du concours.	NOMBRE DE PLACES mises au concours.
École des hautes études commerciales...	6 octobre.	135
École supérieure de commerce de Paris..	25 septembre.	40
École supérieure de commerce de Bordeaux..........................	6 octobre.	60
École supérieure de commerce du Havre.	27 septembre.	25
École supérieure de commerce de Lyon..	1er octobre.	60
École supérieure de commerce de Marseille..........................	2 octobre.	50

Art. 2. La date de l'examen d'entrée à l'Institut commercial de Paris (école préparatoire au commerce d'exportation) est fixée au 1er octobre.

Paris, le 24 juillet 1890.

Jules Roche.